M. THIERS
A VERSAILLES

L'ARMISTICE

DOCUMENTS OFFICIELS
Suivis d'une Lettre de M. Guizot sur l'Armistice

PUBLIÉS PAR GEORGES D'HEYLLI

Prix : 50 centimes.

PARIS
LIBRAIRIE GÉNÉRALE
DÉPOT CENTRAL DES ÉDITEURS
72, BOULEVARD HAUSSMANN, ET RUE DU HAVRE

1871

M. THIERS A VERSAILLES

L'ARMISTICE

25 exemplaires numérotés et signés ont été tirés
sur papier vergé de Hollande.

M. THIERS
A VERSAILLES

L'ARMISTICE

DOCUMENTS OFFICIELS

PUBLIÉS PAR GEORGES D'HEYLLI

PARIS
LIBRAIRIE GÉNÉRALE
DÉPOT CENTRAL DES ÉDITEURS
72, BOULEVARD HAUSSMANN, ET RUE DU HAVRE

1871

A M. THIERS

MEMBRE DE L'ACADÉMIE FRANÇAISE

MEMBRE DE L'ACADÉMIE DES SCIENCES MORALES ET POLITIQUES

ANCIEN MINISTRE, ANCIEN DÉPUTÉ

GRAND OFFICIER DE LA LÉGION D'HONNEUR

Hommage de l'Éditeur,

GEORGES D'HEYLLI.

Janvier 1871.

AVERTISSEMENT

On lit au Journal officiel *du lundi 12 septembre 1870, la note suivante :*

M. Thiers, dans les circonstances présentes, n'a pas voulu refuser ses services au Gouvernement ; il part ce soir, en mission pour Londres, et doit se rendre ensuite à Saint-Pétersbourg et à Vienne.

Après avoir accompli sa mission (1) *et avoir été reçu avec une haute distinction par les souverains étrangers et leurs premiers ministres, M. Thiers revint en France avec l'assurance que les grandes puissances appuieraient de tous leurs efforts la démarche qu'il allait tenter auprès du roi de Prusse en vue d'un armistice pouvant amener la paix.*

On sait quelle fut l'issue des négociations entreprises. Le Journal officiel *du dimanche 6 novembre en faisait connaître en ces termes le résultat négatif à la population parisienne :*

Les quatre grandes puissances neutres, l'Angleterre, la Russie, l'Autriche et l'Italie, avaient pris l'initiative d'une proposition d'armistice à l'effet de faire élire une assemblée nationale.

Le Gouvernement de la défense nationale avait posé ses condi-

---

(1) Voyez notre première brochure, *Jules Favre et le comte de Bismarck, Entrevue de Ferrières*, page 52.

tions, qui étaient le ravitaillement de Paris et le vote pour l'Assemblée nationale par toutes les populations françaises.

La Prusse a expressément repoussé la condition de ravitaillement; elle n'a d'ailleurs admis qu'avec des réserves le vote de l'Alsace et de la Lorraine.

Le Gouvernement de la défense nationale a décidé, à l'unanimité, que l'armistice ainsi compris devait être repoussé.

Depuis, M. Thiers se rendit à Tours, et c'est là qu'il rédigea le rapport que reproduit cette brochure, rapport qui fut ensuite adressé par lui aux ambassadeurs des quatre grandes puissances qui avaient préparé et appuyé les négociations.

Ce rapport n'a été connu en France que par la traduction anglaise donnée par le Times *du 17 novembre. Cette traduction, traduite elle-même en français par le* Journal des Débats, *a été publiée dans le numéro de cette feuille daté du 1er décembre, et le lendemain elle a été insérée* in extenso *au* Journal officiel.

On trouvera aux Appendices, qui suivent la reproduction de ce rapport, une lettre de M. Guizot, publiée également par le Times, *au sujet de l'armistice, lettre que nous donnons à notre tour, mais avec les réserves habituelles relativement à son authenticité.*

Georges d'Heylli.

Paris, le 6 janvier 1871
(112e jour du siége).

M. THIERS A VERSAILLES

L'ARMISTICE

RAPPORT *adressé par M. Thiers, après la rupture des négociations relatives à l'armistice, aux ambassadeurs des quatre grandes puissances (Angleterre, Russie, Autriche et Italie).*

Tours, le 9 novembre 1870.

MONSIEUR L'AMBASSADEUR,

Je crois devoir aux quatre grandes puissances qui ont fait ou appuyé la proposition d'un armistice entre la France et la Prusse de rendre un compte fidèle et concis de la grave et délicate négociation dont j'ai consenti à me charger. Avec un sauf-conduit que S. M. l'Empereur de Russie et le Cabinet Britannique ont bien voulu demander pour moi à S. M. le roi de Prusse, j'ai quitté Tours le 28 octobre, et, après avoir franchi la ligne qui séparait les deux armées, je me suis rendu à Orléans et de là à Versailles, accompagné par un officier bavarois dont le général Von der Tann avait eu l'obligeance de me faire accompagner, afin de lever les difficultés que je pouvais rencontrer sur la route. Pendant ce voyage difficile, j'ai pu me convaincre moi-même par mes propres yeux, malheureusement dans une province française, des horreurs de la guerre.

Forcé, par le manque de chevaux, de m'arrêter à Arpajon, la nuit, pendant trois ou quatre heures, j'ai atteint Versailles dimanche matin, 30 octobre. Je n'y suis resté que peu d'instants, car il était bien convenu avec le comte de Bismarck que je n'aurais pas d'entrevue avec lui jusqu'à ce que j'aie pu faire compléter à Paris les pouvoirs nécessairement incomplets que j'avais reçus de la Délégation de Tours.

Accompagné d'officiers comme parlementaires qui devaient faciliter mon passage à travers les avant-postes, j'ai traversé la Seine au pont de Sèvres, aujourd'hui coupé, et je suis descendu au ministère des affaires étrangères pour communiquer plus aisément et plus vite avec les membres du Gouvernement. La nuit fut employée en délibérations, et, après une résolution prise à l'unanimité, j'ai reçu les pouvoirs nécessaires pour négocier et conclure l'armistice dont l'idée avait été conçue et l'initiative prise par les puissances neutres.

Dans le désir ardent de ne perdre aucun moment dont chaque minute était marquée par l'effusion du sang humain, j'ai traversé de nouveau les avant-postes le lundi soir 31 octobre, et le jour suivant, 1er novembre, à midi, j'entrais en conférence avec le chancelier de la Confédération du Nord.

L'objet de ma mission était parfaitement connu du comte de Bismarck, de même que la France avait été avertie des propositions des puissances neutres. Après quelques réserves sur l'intervention des neutres dans cette négociation, réserves que j'ai écoutées sans les admettre, l'objet de ma mission a été exposé et défini par M. le comte de Bismarck et par moi-même avec une précision parfaitement claire : elle avait pour objet de conclure un armistice pour mettre fin à l'effusion de sang entre deux des nations les plus civilisées du monde, et pour permettre à la France de constituer, au moyen d'élections libres, un gouvernement régulier avec lequel il serait possible de traiter dans une forme valable. Cet objet a été clairement indiqué, parce que dans plusieurs occasions la diplomatie prussienne avait prétendu que, dans l'état actuel des affaires en France, on ne savait à qui s'adresser pour entamer des négociations. A ce propos, le comte de Bismarck m'a fait remarquer, sans toutefois insister sur ce point, que quelques débris d'un gouvernement, jusqu'à présent seul gouvernement français reconnu en Europe, étaient en ce moment à Cassel, cherchant à se reconstituer, mais qu'il me faisait cette observation simplement pour préciser nettement la situation diplomatique, et point du tout pour intervenir, à quelque degré que ce soit, dans le gouvernement intérieur de la France.

J'ai à mon tour répondu au comte de Bismarck que

nous le comprenions ainsi, ajoutant toutefois que le gouvernement qui venait de précipiter la France dans les abîmes d'une guerre, décidée avec folie et conduite avec absurdité, avait pour toujours terminé à Sedan sa fatale existence et ne resterait dans la nation française que comme un souvenir honteux et pénible. Sans faire d'objection à ce que je disais, le comte de Bismarck a protesté de nouveau contre toute idée d'intervenir dans nos affaires intérieures; il voulut bien ajouter que ma présence au quartier général prussien et la réception que l'on m'y avait faite étaient une preuve de la sincérité de ce qu'il me disait, puisque, sans s'arrêter à ce qui se faisait à Cassel, le chancelier de la Confédération du Nord était tout prêt à traiter avec l'envoyé extraordinaire de la République française. Après ces observations préliminaires, nous avons fait une première revue sommaire des questions soulevées par la proposition des puissances neutres :

1° Le principe de l'armistice ayant pour objet essentiel d'arrêter l'effusion du sang et de donner à la France les moyens de constituer un gouvernement fondé sur l'expression de la volonté de la nation;

2° La durée de l'armistice en raison des délais nécessaires pour la formation d'une Assemblée souveraine;

3° La liberté des élections pleinement assurée dans les provinces maintenant occupées par les troupes prussiennes;

4° La conduite des armées belligérantes pendant l'interruption des hostilités;

5° Enfin le ravitaillement des forteresses assiégées, et spécialement de Paris, pendant l'armistice.

Sur ces cinq points, et spécialement sur le principe même de l'armistice, le comte de Bismarck ne m'a pas paru avoir des objections insurmontables, et à la fin de cette première conférence, qui a duré au moins quatre heures, je croyais que nous pourrions nous mettre d'accord sur tous les points, et conclure une convention qui serait le premier pas vers un arrangement pacifique, si vivement désiré dans les deux hémisphères.

Les conférences se sont succédé l'une à l'autre, et le plus souvent deux fois par jour, car je désirais ardemment arriver à un résultat qui pût mettre fin au bruit du canon que nous entendions constamment, et dont chaque éclat me faisait craindre de nouvelles dévastations et de nouveaux sacrifices de victimes humaines. Les objections faites et les solutions proposées sur les différents points mentionnés ci-dessus ont été, dans ces conférences, les suivantes :

En ce qui touche le principe de l'armistice, le comte de Bismarck a déclaré qu'il était aussi désireux que les puissances neutres pourraient l'être elles-mêmes de terminer ou du moins de suspendre les hostilités, et qu'il désirait la constitution en France d'un pouvoir avec lequel il pût contracter des engagements tout à la fois valables et durables. Il y avait, en conséquence, accord complet sur ce point essentiel, et toute discussion était superflue.

En ce qui touche la durée de l'armistice, j'ai demandé

au chancelier de la Confédération du Nord qu'elle fût fixée à vingt-cinq ou trente jours, vingt-cinq au moins. Douze jours au moins étaient nécessaires, lui ai-je dit, pour permettre aux électeurs de se consulter et de se mettre d'accord sur les choix à faire ; un jour de plus pour voter, quatre ou cinq jours de plus pour donner aux candidats élus le temps, dans l'état actuel des routes, de s'assembler dans un lieu déterminé, et enfin huit ou dix jours pour une vérification sommaire des pouvoirs et la constitution de la future Assemblée nationale. Le comte de Bismarck ne contestait pas ces calculs ; il faisait seulement remarquer que plus courte serait la durée, moins il serait difficile de conclure l'armistice proposé ; Il semblait toutefois incliner, comme moi-même, pour une durée de vingt-cinq jours.

Vint ensuite la grave question des élections. Le comte de Bismarck voulut bien m'assurer que, dans les districts occupés par l'armée prussienne, les élections seraient aussi libres qu'elles l'aient jamais été en France. Je le remerciai de cette assurance, qui me paraissait suffisante. Si le comte de Bismarck, qui d'abord avait demandé qu'il n'y eût aucune exception à cette liberté des élections, n'avait fait quelques réserves relatives à certaines portions du territoire français le long de notre frontière, et qui, disait-il, étaient allemandes d'origine et de langage, je repris que l'armistice, si on voulait le conduire rapidement selon le désir général, ne devait préjuger aucune des questions qui pouvaient être agitées à l'occasion d'un traité de paix nettement déterminé ; que, pour ma part, je refusais en ce moment d'entrer dans aucune discussion de ce genre, et qu'en agissant ainsi, j'obéissais à mes instructions et à mes sentiments personnels.

Le comte de Bismarck répliqua que c'était aussi son opinion qu'aucune de ces questions ne fût touchée, et il me proposa de ne rien insérer sur ce sujet dans le traité d'armistice, de manière à ne rien préjuger sur ce point ; que, quoiqu'il ne voulût permettre aucune agitation électorale dans les provinces en question, il ne ferait aucune objection à ce qu'elles fussent représentées dans l'Assemblée nationale par des notables qui seraient désignés comme nous le déciderions, sans aucune intervention de sa part, et qui jouiraient d'une liberté d'opinion aussi complète que tous les autres représentants de France.

Cette question, la plus importante de toutes, étant en bonne voie de solution, nous avons procédé à l'examen de la conduite que devraient tenir les armées belligérantes pendant la suspension des hostilités. Le comte devait en référer aux généraux prussiens assemblés sous la présidence de S. M. le roi ; et, tout bien considéré, voici ce qui nous a paru équitable des deux côtés, et en conformité avec les usages adoptés dans tous les cas semblables :

Les armées belligérantes resteraient dans les positions mêmes occupées le jour de la signature de l'armistice ; une ligne réunissant tous les points où elles se seraient arrêtées formerait la ligne de démarcation qu'elles ne pourraient pas franchir, mais dans les limites de laquelle elles pourraient se mouvoir, sans cependant engager aucun acte d'hostilité.

Nous étions, je puis le dire, d'accord sur les divers points de cette négociation difficile, quand la dernière question s'est présentée : à savoir le ravitaillement des forteresses assiégées, et principalement de Paris.

Le comte de Bismarck n'avait soulevé aucune objection fondamentale à ce sujet; il semblait seulement contester l'importance des quantités réclamées (1) aussi bien que la difficulté de les réunir et de les introduire dans Paris (ce qui toutefois nous concernait seuls), et, en ce qui concerne les quantités, je lui avais positivement déclaré qu'elles seraient l'objet d'une discussion amiable et même de concessions importantes de notre part. Cette fois encore, le chancelier de la Confédération du Nord désira en référer aux autorités militaires auxquelles plusieurs autres questions avaient déjà été soumises, et nous convînmes de nous ajourner au jeudi 3 novembre pour la solution définitive de ce point.

Le jeudi 3 novembre, le comte de Bismarck, que j'avais trouvé inquiet et préoccupé, me demanda si j'avais

---

(1) Voici, d'après les journaux, quelles étaient ces quantités comme conditions d'un armistice de trente jours.

Il entrerait dans Paris :

34,000 bœufs, — 80.000 moutons, — 8,000 porcs, — 5,000 veaux, — 100,000 livres de viande salée, — 8,000 bottes de foin et paille, — 200,000 livres de farine, — 3,000 livres de légumes secs, — 100,000 tonnes de charbon, etc. Enfin. pendant ces mêmes trente jours, les Allemands auraient suspendu leurs réquisitions et se seraient suffi à eux-mêmes, soit par les arrivages d'Allemagne, soit par le payement intégral de quantités achetées par eux en France.

reçu des nouvelles de Paris ; je lui répondis que je n'en avais pas depuis lundi soir, jour de mon départ de cette ville. Le comte de Bismarck était dans la même situation ; il me tendit alors les rapports des avant-postes, qui parlaient d'une révolution à Paris et d'un nouveau gouvernement. Était-ce là ce Paris dont les nouvelles les plus insignifiantes étaient naguère expédiées avec la rapidité de l'éclair et répandues en quelques minutes dans le monde entier? Pouvait-il avoir été la scène d'une révolution dont pendant trois jours rien n'avait transpiré à ses propres portes?

Profondément affligé par ce phénomène historique, je répliquai au comte de Bismarck que, le désordre eût-il été un moment triomphant à Paris, la tranquillité troublée serait promptement rétablie grâce au profond amour de la population parisienne pour l'ordre, amour qui n'était égalé que par son patriotisme. Toutefois, mes pouvoirs n'étaient plus valables si ces rapports étaient bien fondés. Je fus ainsi obligé de suspendre mes négociations jusqu'à ce que des informations me fussent parvenues.

Ayant obtenu du comte de Bismarck les moyens de correspondre avec Paris, je pus, le même jour jeudi, m'assurer de ce qui s'était passé le lundi, et apprendre que je ne m'étais pas trompé en affirmant que le triomphe du désordre n'avait pu être que momentané.

Le même soir, je me rendis chez le comte de Bismarck, et nous pûmes reprendre et continuer pendant une partie de la nuit la négociation qui avait été interrompue le matin. La question du ravitaillement de la capitale fut vivement débattue entre nous, et, pour ma part, j'ai maintenu fermement que toute demande relaive aux quantités pourrait être modifiée après une discussion détaillée. Je pus bientôt m'apercevoir que ce n'était pas une question de détail, mais bien une question fondamentale qui avait été soulevée.

J'ai vainement insisté auprès du comte de Bismarck sur ce grand principe des armistices qui veut que chaque belligérant se trouve, au terme de la suspension des hostilités, dans la même situation qu'au commencement; que de ce principe, fondé en justice et en raison, était dérivé cet usage du ravitaillement des forteresses assiégées et de leur approvisionnement jour par jour de la nourriture d'un jour : autrement, disais-je au comte de Bismarck, un armistice suffirait à amener la reddition de la plus forte forteresse du monde. Aucune réponse ne pouvait être faite, du moins le pensais-je, à cet exposé de principes et d'usages incontestés et incontestables.

Le chancelier de la Confédération du Nord, parlant alors, non en son propre nom, mais au nom des autorités militaires, m'a déclaré que l'armistice était absolument contraire aux intérêts prussiens; que nous donner un mois de répit était nous accorder le temps d'organiser nos armées; qu'introduire dans Paris une certaine quantité de vivres, difficile à déterminer, était donner à cette ville le moyen de prolonger indéfiniment son existence; que de tels avantages ne pourraient nous être accordés sans des équivalents militaires (c'est l'expression même du comte de Bismarck).

Je me hâtai de répliquer que, sans doute, l'armistice pouvait nous apporter quelques avantages matériels, mais que le cabinet prussien devait l'avoir prévu, puisqu'il en avait admis le principe ; que, toutefois, avoir calmé le sentiment national, avoir ainsi préparé la paix, en avoir rapproché le terme, avoir par dessus tout montré une juste déférence aux vœux déclarés de l'Europe, constituait pour la Prusse des avantages tout à fait équivalents aux avantages matériels qu'elle pouvait nous concéder.

Je demandai ensuite au comte de Bismarck quels pouvaient être les équivalents militaires qu'il pouvait nous demander ; mais le comte de Bismarck mettait une grande circonspection à ne pas les préciser : il les fit connaître à la fin, mais avec une certaine réserve.

« C'était, dit-il, une position militaire sous Paris. » Et, comme j'insistais davantage : « Un fort, ajouta-t-il, plus d'un peut-être. » J'arrêtai immédiatement le chancelier de la Confédération du Nord.

« C'est Paris, lui dis-je, que vous nous demandez : car nous refuser le ravitaillement pendant l'armistice, c'est nous prendre un mois de notre résistance ; exiger de nous un ou plusieurs de nos forts, c'est nous demander nos remparts C'est, en fait, demander Paris, puisque nous vous donnerions le moyen de l'affamer ou de le bombarder. En traitant avec nous d'un armistice, vous ne pouviez jamais supposer que la condition serait de vous abandonner Paris même, Paris notre force suprême, notre grande espérance, et pour vous la grosse difficulté, qu'après cinquante jours de siége, vous n'avez encore pu surmonter. »

Arrivés à ce point, nous ne pouvions plus continuer.

Je fis remarquer à M. le comte de Bismarck qu'il était facile de s'apercevoir qu'à ce moment l'esprit militaire prévalait, dans les résolutions de la Prusse, sur l'esprit politique qui avait dernièrement conseillé la paix et tout ce qui pouvait y conduire; je demandai alors au comte de Bismarck de faciliter encore une fois de plus mon voyage aux avant-postes, afin de me consulter sur la situation avec M. Jules Favre; il y consentit avec cette courtoisie que j'ai toujours rencontrée en lui en ce qui concerne les relations personnelles.

En prenant congé de moi, le comte de Bismarck m'a chargé de déclarer au Gouvernement français que, si le Gouvernement avait le désir de faire les élections sans armistice, il permettrait qu'on les fît avec une parfaite liberté dans tous les lieux occupés par les armées prussiennes, et qu'il faciliterait toute communication entre Paris et Tours pour toutes choses qui auraient rapport aux élections.

J'ai conservé le souvenir de cette déclaration dans mon esprit. Le lendemain, 5 novembre, je me dirigeai vers les avant-postes français; je les traversai afin de conférer avec M. Jules Favre dans une maison abandonnée; je lui ai fait un exposé complet de toute la situation, tant au point de vue politique qu'au point de vue militaire, lui donnant jusqu'au lendemain pour m'envoyer la réponse officielle du Gouvernement, et lui indiquant le moyen de me la faire parvenir à Versailles. Je la reçus le jour suivant, dimanche 6 novembre. On m'y ordonnait de rompre les négociations sur la question du ravitaillement, de quitter immédiatement le quartier général prussien, et de me rendre à Tours, si j'y consentais, à la disposition du Gouvernement, en cas que mon intervention pût être utile dans les négociations futures.

Je communiquai cette résolution au comte de Bismarck, et je lui répétai que je ne pouvais abandonner ni la question des subsistances, ni aucune des défenses de Paris, et que je regrettais amèrement de n'avoir pu conclure un arrangement qui pourrait avoir été un premier pas pour la paix.

Tel est le compte-rendu fidèle des négociations, que j'adresse aux quatre puissances neutres qui ont eu la louable intention de désirer et de proposer une suspension d'armes qui nous aurait rapprochés du moment où toute l'Europe aurait respiré de nouveau, aurait repris les travaux de la civilisation, et aurait cessé de se laisser aller à un sommeil sans cesse troublé par la frayeur que quelque accident lamentable ne surgisse et n'étende la conflagration de la guerre sur tout le continent.

Il appartient maintenant aux puissances neutres de juger si une attention suffisante a été donnée à leur conseil ; je suis sûr que ce n'est pas à nous qu'on peut faire le reproche de ne l'avoir pas estimé aussi haut qu'il le méritait. Après tout, nous les faisons juges des deux puissances belligérantes ; et, pour ma part, comme homme et comme Français, je les remercie de l'appui qu'elles m'ont accordé dans mes efforts pour rendre à mon pays les bienfaits de la paix, de la paix qu'il a perdue, non par sa faute, mais par celle d'un gouvernement dont l'existence a été la seule erreur de la France : car ç'a été une grande et irrémédiable erreur pour la France que de s'être choisi un pareil gouvernement, et de lui avoir, sans contrôle, confié ses destinées.

Recevez, monsieur l'Ambassadeur, etc.

Signé : A. THIERS.

APPENDICES

M. THIERS A VERSAILLES

D'après la Gazette Nationale de Berlin.

La *Gazette nationale* du 4 novembre contient une correspondance de Versailles qui donne les renseignements suivants sur le voyage de M. Thiers à Versailles :

L'entretien qu'il a eu avec le chancelier n'a pas été connu du public. M. Thiers est retourné vers onze heures et demie à son hôtel, dans lequel il a rencontré, quelques instants après, le duc de Cobourg. Ce dernier salua M. Thiers et lui serra amicalement la main :

« Vous ne me reconnaissez pas, sans doute, lui dit le duc.

— Si fait, monseigneur, répondit M. Thiers; mais, ajouta-t-il, quelles douloureuses circonstances me valent l'honneur de vous revoir ! » Et les yeux de l'homme d'Etat s'emplirent d larmes.

M. Thiers dit au duc qu'il comptait revenir de Paris le troisième jour au plus tard, et il s'est dirigé vers les avant-postes, accompagné d'un officier d'état-major. Comme il avait fallu s'arrêter une heure et demie pour attendre l'accomplissement des formalités, M. Thiers est descendu de voiture avec les deux personnes qui l'accompagnaient, dont l'une, M. Paul de

Rémusat, est le fils du célèbre ministre de Louis-Philippe, et la seconde un député à la Chambre de la fraction Thiers. Tous trois se sont entretenus avec quelques officiers prussiens.

Un témoin auriculaire m'a rapporté avec assez de détails le contenu de la conversation. M. Thiers a mis beaucoup d'insistance pour rappeler qu'il s'est prononcé avec la plus grande énergie contre la guerre, et il a cité à l'appui une bonne partie du discours qu'il a prononcé à la Chambre lors de la déclaration de guerre, et a rappelé à cette occasion que plus de quarante députés de la majorité se sont avancés sur lui les poings fermés et en proférant des menaces, en l'interrompant sans cesse, et que le soir on lui a donné un charivari. Selon M. Thiers, l'Empereur et surtout l'Impératrice ont été les véritables promoteurs de la guerre.

Il ne contesta pas qu'en 1840 il avait poussé avec toute son énergie à la guerre contre l'Allemagne; mais alors la situation était toute autre : la cause de la France était juste, puisqu'il s'agissait de conserver la Syrie à l'Égypte, menacée par la Turquie; et puis on disposait d'une armée parfaitement équipée et armée.

Pour ce qui est de M. de Moltke, M. Thiers l'a appelé le premier tacticien des temps modernes, et il a rendu pleinement hommage à la capacité de nos officiers, qui s'entendaient si bien à diriger les troupes qui leur sont confiées. « Ah! dit l'un des compagnons de voyage de M. Thiers, c'est qu'ils ont travaillé, tandis que nos officiers se reposaient aveuglément sur l'invincibilité de l'armée française. »

La capitulation de Metz était connue de M. Thiers : il a pris la défense du maréchal Bazaine, et a vivement insisté sur l'honorabilité et le passé de cet officier supérieur. On en vint à parler de l'ex-ministre de la guerre, le maréchal Lebœuf, qui était tombé entre nos mains à Metz.

« Voudriez-vous consentir à son échange? demanda un officier en plaisantant.

— Pour l'amour de Dieu, non, repartit l'un des Français; le plus grand plaisir que vous puissiez nous faire, ce serait de mettre Lebœuf à la tête de votre propre armée. »

Le même officier ayant dit qu'à la paix Napoléon serait rendu avec les autres prisonniers, le député reprit : « Alors nous vous le renverrons avec protêt ; vous l'avez accepté : eh bien, gardez-le et nourrissez-le. »

Quand M. Thiers prit congé des officiers et mit le pied sur le pont de la Seine, il a versé des larmes en découvrant au fond les tours de Paris :

« Oh! messieurs, dit-il, jamais je ne me serais douté combien j'aime ma malheureuse cité natale; quel aspect désolant ! » Puis il se remit en marche d'un pas résolu vers les avant-postes français.

CIRCULAIRE DE M. JULES FAVRE

AU SUJET DE LA RUPTURE DE L'ARMISTICE (1).

Le 7 novembre, M Jules Favre, ministre des affaires étrangères, adressa, au sujet de la rupture de l'armistice, la circulaire suivante aux agents diplomatiques de la France à l'étranger :

MONSIEUR,

La Prusse vient de rejeter l'armistice proposé par les quatre grandes puissances neutres, l'Angleterre, la Russie, l'Autriche et l'Italie, ayant pour objet la convocation d'une Assemblée nationale. Elle a ainsi prouvé une fois de plus qu'elle continuait

(1) On trouvera, dans notre précédente brochure, *Jules Favre et le comte de Bismarck, Entrevue de Ferrières,* une circulaire du chancelier de la Confédération du Nord, également relative à la rupture de l'armistice, ainsi qu'une autre circulaire de M. Jules Favre, en réponse à celle de M. de Bismarck.

la guerre dans un but étroitement personnel, sans se préoccuper du véritable intérêt de ses sujets et surtout de celui des Allemands qu'elle entraîne à sa suite. Elle prétend, il est vrai, y être contrainte par notre refus de lui céder deux de nos provinces. Mais ces provinces, que nous ne voulons ni ne pouvons lui abandonner, et dont les habitants la repoussent énergiquement, elle les occupe, et ce n'est pas pour les conquérir qu'elle ravage nos campagnes, chasse devant nos armées nos familles ruinées, et tient, depuis près de cinquante jours, Paris enfermé sous le feu des batteries derrière lesquelles elle se retranche. Non : elle veut nous détruire pour satisfaire l'ambition des hommes qui la gouvernent. Le sacrifice de la nation française est utile à la conservation de leur puissance. Ils le consomment froidement, s'étonnant que nous ne soyons pas leurs complices en nous abandonnant aux défaillances que leur diplomatie nous conseille.

Engagée dans cette voie, la Prusse ferme l'oreille à l'opinion du monde. Sachant qu'elle froisse tous les sentiments justes, qu'elle alarme tous les intérêts conservateurs, elle se fait un système de l'isolement, et se dérobe ainsi à la condamnation que l'Europe, si elle était admise à discuter sa conduite, ne manquerait pas de lui infliger. Cependant, malgré ses refus, quatre grandes puissances neutres sont intervenues et lui ont proposé une suspension d'armes dans le but défini de permettre à la France de se consulter elle-même en réunissant une assemblée. Quoi de plus rationnel, de plus équitable, de plus nécessaire ? C'est sous l'effort de la Prusse que le gouvernement impérial s'est abîmé Le lendemain, les hommes que la nécessité a investis du pouvoir lui ont proposé la paix, et, pour en régler les conditions, réclamé une trêve indispensable à la constitution d'une représentation nationale.

Le Prusse a repoussé l'idée d'une trêve en la subordonnant à des exigences inacceptables, et ses armées ont entouré Paris. On leur en avait dit la soumission facile. Le siége dure depuis cinquante jours, la population ne faiblit pas. La sédition promise s'est fait attendre longtemps, elle est venue à une heure propice au négociateur prussien, qui l'a annoncée au nôtre comme un auxiliaire prévu ; mais, en éclatant, elle a permis au peuple de Paris de légitimer par un vote imposant le Gouvernement de la Défense nationale, qui acquiert par là aux yeux de l'Europe la consécration du droit.

Il lui appartenait donc de conférer sur la proposition d'armistice des quatre puissances ; il pouvait, sans témérité, en espérer le succès. Désireux avant tout de s'effacer devant les mandataires du pays et d'arriver par eux à une paix honorable, il a accepté la négociation et l'a engagée dans les termes ordinaires du droit des gens.

L'armistice devait comporter :

L'élection des députés sur tout le territoire de la république, même celui envahi ;

Une durée de vingt-cinq jours ;

Le ravitaillement proportionnel à cette durée.

La Prusse n'a pas contesté les deux premières conditions. Cependant elle a fait, à propos du vote de l'Alsace et de la Lorraine, quelques réserves que nous mentionnons sans les examiner davantage, parce que son refus absolu d'admettre le ravitaillement a rendu toute discussion inutile.

En effet, le ravitaillement est la conséquence forcée d'une suspension d'armes s'appliquant à une ville investie. Les vivres y sont un élément de défense ; les lui enlever sans compensation, c'est lui créer une inégalité contraire à la justice. La Prusse oserait-elle nous demander d'abattre chaque jour, par son canon, un pan de nos murailles sans nous permettre de lui résister ? Elle nous mettrait dans une situation plus mauvaise encore en nous obligeant à consommer un mois sans nous battre, alors que, vivant sur notre sol, elle attendrait, pour reprendre la guerre, que nous fussions harcelés par la famine. L'armistice sans ravitaillement, ce serait la capitulation à terme fixe, sans honneur et sans espoir.

En refusant le ravitaillement, la Prusse refuse donc l'armistice. Et cette fois ce n'est pas l'armée seulement, c'est la nation française qu'elle prétend anéantir en réduisant Paris aux horreurs de la faim. Il s'agit, en effet, de savoir si la France pourra réunir ses députés pour délibérer sur la paix. L'Europe demande cette réunion. La Prusse la repousse en la soumettant à une condition inique et contraire au droit commun. Et cependant, s'il faut en croire un document publié sans être démenti, et qui émanerait de sa chancellerie, elle ose accuser le Gouvernement de la défense nationale de livrer Paris à une famine certaine! Elle se plaint d'être forcée par lui de nous investir et de nous affamer!

L'Europe jugera ce que valent de telles imputations. Elles sont le dernier trait de cette politique qui débute par engager la parole du souverain en faveur de la nation française, et se termine par le rejet systématique de toutes les combinaisons pouvant permettre à la France d'exprimer sa volonté! Nous ignorons ce qu'en penseront les quatre grandes puissances neutres, dont les propositions sont écartées avec tant de hauteur; peut-être devineront-elles enfin ce que leur réserverait la Prusse, devenue, par la victoire, maîtresse d'accomplir tous ses desseins.

Quant à nous, nous obéissons à un devoir impérieux et simple en persistant à maintenir leur proposition d'armistice comme le seul moyen de faire résoudre par une assemblée les questions redoutables que les crimes du gouvernement impérial ont permis à l'ennemi de nous poser. La Prusse, qui sent l'odieux de son refus, le dissimule sous un déguisement qui ne peut tromper personne. Elle nous demande un mois de nos vivres : c'est nous demander nos armes. Nous les tenons d'une main résolue, et nous ne les déposerons pas sans combattre. Nous avons fait tout ce que peuvent des hommes d'honneur pour arrêter la lutte. On nous ferme l'issue; nous n'avons plus à prendre conseil que de notre courage, en renvoyant la responsabilité du sang versé à ceux qui, systématiquement, repoussent toute transaction.

C'est à leur ambition personnelle que peuvent être immolés encore des milliers d'hommes; et quand l'Europe émue veut arrêter les combattants sur la frontière de ce champ de carnage pour y appeler les représentants de la nation et essayer la paix : « Oui, disent-ils, mais à la condition que cette population qui souffre, ces femmes, ces enfants, ces vieillards, qui sont les victimes innocentes de la guerre, ne recevront aucun secours, afin que, la trêve expirée, il ne soit plus possible à leurs défenseurs de nous combattre sans les faire mourir de faim.

Voilà ce que les chefs prussiens ne craignent pas de répondre à la proposition des quatre puissances. Nous prenons à témoin contre eux le droit et la justice, et nous sommes convaincus que, si, comme les nôtres, leur nation et leur armée pouvaient voter, elles condamneraient cette politique inhumaine.

Qu'au moins il soit bien établi que jusqu'à la dernière heure, préoccupé des immenses et précieux intérêts qui lui sont confiés, le Gouvernement de la défense nationale a tout fait pour rendre possible une paix qui soit digne.

On lui refuse les moyens de consulter la France. Il interroge Paris, et Paris tout entier se lève en armes pour montrer au pays et au monde ce que peut un grand peuple quand il défend son honneur, son foyer et l'indépendance de la France.

Vous n'aurez pas de peine, monsieur, à faire comprendre des vérités si simples et à en faire le point de départ des observations que vous aurez à présenter lorsque l'occasion vous en sera fournie.

Agréez, etc.

Le Ministre des affaires étrangères,

JULES FAVRE.

LETTRE DE M. GUIZOT

SUR L'ARMISTICE.

M. Guizot a adressé au *Times* la lettre suivante au sujet de la question de l'armistice :

Monsieur,

Depuis quelque temps j'ai vécu dans un état d'attente, sans trop savoir ce que j'attendais. Ce n'était certainement pas la capitulation de Metz. Je fus si affligé de la nouvelle de cette capitulation que pendant quelque temps je ne me sentis pas le courage d'en parler même à mes amis. Je ne comprends pas bien encore ce déplorable incident. A-t-il été réellement causé par la famine dans l'armée de Bazaine, ou par un complot Bonapartiste des maréchaux ?

Je recule à accuser d'intrigues un brave soldat, et mon premier mouvement a été de blâmer sévèrement M. Gambetta pour son assertion hâtée : « Bazaine nous a trahis. »

Cependant, je suis forcé de reconnaître que tout semble indiquer que des motifs d'intérêt ont suscité des intrigues bonapartistes. De telles intrigues ne serviront à rien, car les motifs en sont ignobles. Je suis bien vieux pour être surpris de pareilles transactions ; mais elles m'attristent tellement que j'hésite toujours à y croire.

Cependant la marche des événements est si rapide que le maréchal est déjà presque oublié et que sa conduite est même reléguée aux pages de l'histoire, où elle restera comme un problème à résoudre pour ceux qui l'étudieront un jour.

La question de l'armistice est bien différente et infiniment plus importante. J'étais enchanté de voir que cette question avait été posée par les puissances neutres à l'initiative de l'Angleterre.

Les gouvernements à Paris et à Tours acceptèrent dans la forme ce qui avait été conçu et suggéré à Londres.

M. Jules Favre a dit officiellement :

« Les puissances neutres proposent un armistice, afin qu'une Assemblée nationale puisse être convoquée. Il est bien entendu que les conditions essentielles d'un tel armistice doivent être le ravitaillement de Paris pendant toute sa durée et l'élection de l'Assemblée par toute la nation. »

M. Thiers a quitté Paris pour Versailles avec pleins pouvoirs pour signer l'armistice à ces conditions. Presque tout le monde diplomatique croyait au succès des négociations, et on m'a dit que samedi dernier un article du *Times*, que je n'ai pas encore vu, les appuyait avec chaleur.

Une dépêche télégraphique officielle, datée du 7 novembre, m'a été envoyée de Lisieux la nuit dernière ; voici ce qu'elle contenait :

« L'armistice à l'effet de permettre qu'une Assemblée nationale fût élue en France a été rejeté à l'unanimité par le Gouvernement de la Défense nationale, parce que la Prusse n'a pas voulu consentir aux conditions du ravitaillement de Paris, et n'a voulu accepter qu'avec réserve la participation de l'Alsace et de la Lorraine aux élections. »

Je n'ai depuis rien appris de plus. Un journal d'hier soir dit que les négociations semblent n'être pas tout à fait rompues. Mais, si cette dépêche annonce une décision finale, et si l'armistice a été rejeté parce que la Prusse refuse d'accepter les conditions qui avaient été posées tout d'abord, il me semble que les objections de la Prusse sont sans valeur aucune, et leurs conséquences déplorables.

Si la réserve de la Prusse à l'égard de la participation de l'Alsace et de la Lorraine aux élections signifie seulement qu'elle n'entend ne rien dire ou rien faire qui puisse laisser à penser, lorsque le temps viendra de signer un traité de paix, qu'elle a renoncé à la cession de l'Alsace et de la Lorraine, je n'ai rien à dire sur ce point.

La Prusse a le droit de faire une pareille réserve. Il a toujours été reconnu des deux côtés que l'armistice ne pourrait affecter aucune question politique ; que l'Assemblée nationale déciderait seule des conditions de la paix, et que, pour cette raison même, elle devait être convoquée.

Si cependant l'intention de la Prusse était d'entraver ou d'interdire l'Alsace et la Lorraine et de nier leurs droits de voter dans l'élection de l'Assemblée nationale, ce serait une violation flagrante des droits des nations.

L'Alsace et la Lorraine n'ont pas cessé de faire partie de la France parce qu'elles sont actuellement occupées par les Prussiens. Elles ne peuvent être séparées de la France que par un traité, et, jusqu'à ce qu'un traité ait été conclu, les habitants de ces deux départements sont des citoyens français et ont le droit de remplir toutes les fonctions de citoyens français.

Quant à la question de ravitailler Paris proportionnellement à la durée de l'armistice, le dédain prussien du droit des nations a été de nouveau flagrant et exceptionnel. Le principe essentiel d'un armistice est le maintien du *statu quo*, c'est-à-dire qu'à la cessation d'un armistice les belligérants doivent se trouver dans la même position et avec les mêmes ressources qu'au commencement.

Quand l'armistice concerne une ville assiégée, les provisions de toute sorte jouent évidemment un rôle très-important dans les considérations qui s'y rattachent. Pendant l'armistice, on ne doit pas s'attendre à ce qu'une ville assiégée épuise les provisions qu'elle possédait quand l'armistice a commencé : car, s'il en était ainsi, à l'expiration de l'armistice elle se trouverait dans une position bien pire qu'auparavant.

Il doit donc être permis de ravitailler les habitants d'une ville assiégée pendant toute la durée d'un armistice. Il y a là un principe de justice naturelle, en même temps qu'un élément essentiel du droit des nations, qui ont été reconnus dans des cas semblables.

La décision quant à la quantité de provisions nécessaires pendant un temps donné pourrait soulever des difficultés; mais de pareilles difficultés ne sont pas indispensables. Depuis que les Prussiens ont réussi à bloquer Paris si étroitement que rien ne peut y entrer, pas même une lettre, ils ne rencontreront certainement aucune difficulté en limitant et contrôlant le nombre de sacs de farine, de têtes de bétail, et la quantité de vivres de toute nature qui pourraient y être admis.

Refuser un ravitaillement proportionnel et limité de la ville, c'est rendre impossible pour les habitants assiégés l'acception d'un armistice. Bien plus, cela implique que les assiégeants ne désirent pas eux-mêmes un armistice et qu'ils n'ont aucune envie d'atteindre le but dans lequel on a proposé un armistice, c'est-à-dire l'élection d'une Assemblée nationale capable de traiter la paix.

Ce n'était certainement pas un armistice impraticable et sans valeur qui avait été accepté et chaleureusement défendu par le général Trochu. Il y a quelques jours, — le lendemain même du mouvement révolutionnaire du 31 octobre, — il disait aux gardes nationales de la Seine :

« La proposition d'un armistice mise inopinément en avant par les puissances neutres a été faussement et injustement interprétée comme le prélude d'une capitulation, quand en réalité elle n'était qu'un hommage rendu à l'attitude de la population de Paris et à la ténacité de leur défense. Cette proposition était un honneur pour nous. »

Le général Trochu avait bien raison de parler ainsi. En France, il y a des intérêts et des passions qui s'opposent à toute espèce d'armistice. Néanmoins, il serait honorable et sage pour la France d'accepter un armistice juste et sincère.

Mais, si les résolutions finales de la Prusse sur ce point sont celles que les dépêches de Tours paraissent indiquer, la France ne peut les considérer que comme un refus indirect de l'armistice suggéré par les puissances neutres. Elle ne peut que continuer, avec le courage et les forces qui lui restent, une guerre à outrance, dont la responsabilité ne lui incombe pas plus longtemps.

GUIZOT.

Val-Richer, le 8 novembre 1870.

TABLE

	Pages.
Avertissement.	7

Rapport adressé par M. Thiers aux ambassadeurs des quatre grandes puissances, après la rupture des négociations relatives à l'armistice. 9

Appendices.

    1. M. Thiers à Versailles, d'après la *Gazette nationale de Berlin*. 23

    2. Circulaire de M. Jules Favre au sujet de la rupture de l'armistice 25

    3. Lettre de M. Guizot sur l'armistice. 30

Achevé d'imprimer

LE SIX JANVIER MIL HUIT CENT SOIXANTE-ET-ONZE

PAR D. JOUAUST,

AUX FRAIS DE E. MAILLET,

Libraire à Paris.

A LA MÊME LIBRAIRIE

JULES FAVRE

ET

LE COMTE DE BISMARCK

— *ENTREVUE DE FERRIÈRES* —

DOCUMENTS OFFICIELS

Publiés par Georges D'HEYLLI.

1 volume même impression et même format.

Prix : 75 cent.

JOURNAL OFFICIEL

DU

SIÉGE DE PARIS.

DÉCRETS, PROCLAMATIONS, CIRCULAIRES, RAPPORTS,
NOTES, RENSEIGNEMENTS,
DOCUMENTS DIVERS, AUTHENTIQUES ET AUTRES.

Publiés par Georges D'HEYLLI.

Cet important ouvrage, qui racontera au jour le jour, et officiellement, l'histoire du siége, en la faisant précéder d'un avant-propos donnant l'historique complet de la guerre, à partir du 6 juillet, paraît en livraisons in-8 raisin, dont la réunion formera un ou plusieurs volumes.

Prix de la livraison : 25 cent.

Les premières livraisons sont en vente.

1850 — Paris, imprimerie Jouaust, rue Saint-Honoré, 338.

www.ingramcontent.com/pod-product-compliance
Lightning Source LLC
Chambersburg PA
CBHW060524050426
42451CB00009B/1143